Les p

Animaux, mes amis !

Textes de Pascale Védère d'Auria.
Illustrations de Philippe Salembier.

Hemma

Table des matières

Mes copains les animaux

— Que grignote papa ? se demande bébé cochon d'Inde en remuant le museau. Berk, des graines! Je préfère le lait de maman.

Mano a la chance de vivre dans une grande maison à la campagne.
Elle y est bien, entourée de tous ses chiens !
— Bonjour, Starla ! dit Mano en caressant la tête soyeuse du setter irlandais. Que tes chiots sont coquins !
Starla est fière de ses petits.

Mina, la chienne berger belge,
observe avec attention :
bientôt, ce sera son tour d'être mère.

Les westies s'amusent
à courir après les papillons.
Ce qu'ils sont gamins,
ces deux-là !

Pour les amis de Mano, rien n'est plus amusant que de faire un tour de poney.

— Moi, je choisis Caresse, le petit poney des Shetland, dit Lucie.

— Et nous, Caprice et Petibou, décident Anne et Marie.

Au trot, au trot, au galop, au galop ! Les fillettes vont prendre un cours d'équitation avec la maman de Mano.

Le poney est idéal pour s'initier aux joies de l'équitation. Il est tout juste à la taille des enfants.

— Du calme ! dit Marie au chien qui aboie d'excitation. Tu énerves Caprice.

— Tu sais, dit Claire à son poney Mimi, Voyou est un gentil fox-terrier qui ne demande qu'à faire ta connaissance.

— Woufoui ! répond Voyou en frétillant de la queue.

Dans un coin du jardin, le papa de Mano a installé une volière. Mano aime venir écouter le chant joyeux des canaris. Lovés l'un contre l'autre, les inséparables se sont choisis pour la vie et ils ne se quittent que rarement.

— Hi, hi, hi ! Plus fort, les canaris ! couinent les souris voisines, heureuses de travailler en musique.

Dans le manège,
les parents de Mano possèdent
aussi de splendides chevaux.
Cybèle la jument allaite Élan,
son poulain.
— Bois, mon fils, dit Prince, l'heureux papa.
Prends des forces auprès de ta mère.
Dans la prairie, je t'apprendrai à galoper,
crinière au vent.
— Rien ne presse, répond Cybèle. Ne sois pas impatient.

Pigeons et tourterelles roucoulent.
— Élan est un bien beau petit, dit l'une d'elles.
— Ah ! Les enfants, quel souci ! répond une autre avant de s'envoler couver ses œufs.
Les colombes, en retrait, attendent que cette foule bruyante s'éparpille pour venir picorer à leur tour.

Un chaton, c'est très mignon mais aussi très polisson.

— On joue au chat ? dit l'un.

— Bof ! Plutôt au loup, répond l'autre.

— Moi, je préfère les papillons. Mais ce n'est pas facile à attraper ! ajoute un troisième.

Bing ! Et voilà un vase de plus par terre ! Difficile de chasser sans faire de dégâts. Hélas ! Un chaton ne sait pas rester longtemps en place.

Voyou, le chien, s'attaque à un hérisson.
— Prends garde, minus ! Ta bobine ne me revient pas !
Je ne veux pas d'étrangers sur mon territoire.
— Si je me mets en boule, gare à ta truffe ! grogne le hérisson.
Je n'aime pas qu'on m'embête.
— Fais dodo, mon ânon, chantonne Sidouce à son petit
qui vient de naître.
— Dis, maman, quand jouerai-je avec lui ? demande sa grande sœur.
— Bientôt. Dès qu'il se lèvera, répond Sidouce.

Au royaume des chèvres, c'est le bouc Barbichon qui règne en grand maître sur toutes les femelles. Enfin, il essaie...

— Tenez-vous donc un peu tranquilles, vous me donnez la migraine, se plaint-il.

— C'est qu'on aime courir, sauter, bouger, quoi ! Fais donc pareil, bêlent les insolentes.

Et les cabris ? Ils sont pires encore que leurs mères ! Barbichon est désespéré...

— La maison de Mano est un paradis pour les animaux, se dit Jean.
Les lapins sont d'accord : on y est libre et bien nourri.
Le bonheur, quoi !

Au cœur de la forêt

Grand-Duc le hibou t'observe, perché sur son rocher.
— Houhou-hou !... J'ai passé la nuit à chasser et le jour va se lever... Regarde, je dors déjà sur pied ! La forêt est pourtant si belle la journée ! Allons la visiter...

Vive
le printemps !
Dans le fourré, Coquine
et Rouquin regardent
tendrement leurs renardeaux
s'ébattre au soleil.
— Pas de jeux trop brutaux ! conseille
Rouquin au plus turbulent de ses petits. Coquine sourit
dans ses moustaches.

Leur voisin, le gros blaireau, sort de son terrier de très mauvaise humeur. Si ces diables de renards ne faisaient pas tant de bruit, il poursuivrait son somme dans son doux nid moussu. Ah ! quel malheur de vivre aux côtés d'une famille si remuante ! Heureusement, les renardeaux deviennent vite grands et quittent leurs parents. Blaireau soupire d'aise à cette idée et de ses pattes courtes s'en retourne chez lui, au plus profond de ses galeries.

Sous le ciel nuageux d'automne, la compagnie des sangliers part en balade. Boum, le père, est fier de ses neuf marcassins. Tout le portrait de Boum. Enfin, presque.

— Mais de qui tiennent-ils donc ces rayures brunes et ce pelage roux ? demande-t-il, légèrement inquiet.

— Tous les marcassins sont ainsi faits, lui répond sa compagne. L'aurais-tu oublié ?
De leur groin, les petits fouillent le sol, à la recherche de glands, de racines ou d'autres végétaux. Là-bas, en haut de la tour de guet, le garde vient souvent se poster : il veille au bon déroulement de la vie forestière.

— Trirr ! se plaignent les mésanges, l'hiver est rude et nous avons faim.
Roux l'écureuil s'attendrit :
— Suivez-moi, mes copains ont une belle réserve de noisettes.
Le geai, lui, s'est fait une grosse provision de glands, sous la mousse.

Le printemps est de retour et les daims de la forêt, qui n'ont pas oublié que leurs femelles mettront bientôt bas, attendent l'heureux événement. L'arrivée d'un petit, ça se prépare puis ça se fête.
Leurs têtes sont ornées d'une nouvelle ramure qu'ils promènent fièrement. Les biches leur font des yeux doux tandis que les fleurs multicolores offrent un confortable tapis.

Un daim et son amie discutent tendrement.

— Lolita, ma biche, que puis-je faire pour t'être agréable ? demande-t-il.

— Mène-moi là où il y a des glands, des écorces et puis des champignons ! J'ai très faim, répond Lolita la charmeuse.

— Bonjour, chantonne le pinson. Qu'ils sont mignons, ces levrauts ! Quatre nouveaux petits... Quel courage madame hase, félicitations monsieur lièvre ! La famille ne cesse de grandir. Heureusement que la garenne est vaste !

— Bien le bonjour, voisins lièvres !

Les deux faisans saluent de leurs longues queues roussâtres.

— Bien le bonjour ! répondent les lièvres. Comment vont vos faisanes ?

— Elles couvent leurs œufs, confient les faisans tout joyeux.

— Zut ! voilà un beau poisson qui ne sera pas pour nous, soupire le martin-pêcheur en lorgnant du côté de dame loutre.
— Patience, petit. Je te promets que le suivant sera le nôtre, lui répond le héron.

— Quel bon déjeuner ! s'exclame dame loutre en montrant sa capture.
— La grenouille que j'ai mangée tout à l'heure avait un goût exquis, réplique son amie.
— Venez donc jouer à glisser, propose la troisième loutre.

Cette fois, ça y est, le petit de Caline est né. C'est une jolie femelle, parsemée de taches comme tous les autres faons.

Caline garde aussi le faon de son amie. Si, dans la harde, on ne peut pas se rendre service… De loin, le fils de Caline regarde sa nouvelle petite sœur. Dire qu'il a déjà un an et que des bois commencent à lui pousser sur le front ! Comme le temps passe vite. Dans deux ans, il quittera sa mère : il sera grand et prêt à se trouver une compagne avec qui fonder une famille.

— Tic, tic ! c'est la vie, chante le rouge-gorge de sa voix aiguë !

Et demain, chic, c'est de nouveau l'été !

Dans cette belle forêt, lorsqu'un furet putoisé en rencontre un autre, tous deux se racontent les nouvelles du jour. Ils discutent des nouveau-nés et leur souhaitent beaucoup de belles journées...

Là-haut sur la montagne

À la montagne, l'hiver est rude. Mais les chamois s'en moquent et, de leurs courtes cornes, luttent gaiement contre les flocons.

Le lièvre variable profite de l'hiver pour changer la couleur de son pelage: le blanc sied davantage aux paysages de neige, non? Ses pattes se couvrent d'une épaisse fourrure; pour marcher dans la neige, il glissera moins. Seul le bout de ses oreilles reste noir.

Le lièvre variable est un animal coquet. Au fait, de quelle couleur est son pelage l'été? Marron, bien sûr, pour bien se fondre dans le paysage!

À la saison froide, chevreuils et chevrettes se regroupent. La nourriture se fait rare. À plusieurs, on se tient compagnie, on se débrouille mieux. Et les mâles promènent fièrement leurs nouveaux bois.

Prends garde, petit rouge-gorge ! Le chat sauvage ne fera de toi qu'une bouchée. Tu te croyais à l'abri dans la montagne. Mais le chat t'y a suivi. Sa queue touffue, ornée de noirs anneaux, s'agite. Il t'a épié longtemps. Méfie-toi de son coup de patte. Le chat est agile et rapide. Ne te moque pas de lui davantage, petit étourdi, il sera sans pitié. Mais pourquoi se met-il à gronder en soufflant ? On dirait que quelque chose le tracasse...

Là-haut dans le ciel, plane l'aigle royal.
De son œil perçant, il observe le chat.
Dans son nid, deux aiglons sont nés.
Et il faut bien que ces petits-là mangent !

Lorsque le printemps revient, les ours bruns remettent le bout de leur museau dehors. Même s'ils n'ont pas dormi tout l'hiver, ils ont mené une vie au ralenti. Dès le retour des beaux jours, on s'active. On brosse son épaisse fourrure contre les arbres, puis on enseigne aux petits, nés à la fin de l'hiver, comment devenir un vrai ours brun. On cueille des fruits sur les arbres, on vole le miel aux abeilles, on pêche même du poisson.

Ourson brun et sa sœur sont très espiègles et s'amusent d'un rien. Vive la vie !

La meute
de loups se repose.
La chasse a été bonne
et les loups sont repus.
Il faut lutter pour vivre. Un loup ne l'oublie jamais.

Chassé par l'homme, mal aimé de lui, il a appris à être méfiant. Insouciants, les petits jouent. Rex, le chef de la meute, veille au bon déroulement de tout. Chacun lui obéit ; sa force et sa noblesse lui ont permis de gagner la confiance des autres. De son regard oblique et jaune, il entend bien rester le maître.

Dans les verts pâturages, lorsqu'un groupe de bouquetins mâles rencontre un groupe de femelles, on se salue puis on chahute.

– Ah ! que ces mâles sont bagarreurs et bruyants ! murmurent entre elles les tranquilles femelles. Mais tous sont bien contents de s'être rencontrés.

— Par ici, la belle herbe ! s'écrie Mimi, la marmotte la plus expérimentée. Aussitôt, surgit des galeries souterraines toute la colonie, oreilles courtes dressées et museaux frétillants. Ah ! les gourmandes !
Vite, elles s'installent sur leur arrière-train et commencent à grignoter. Qu'il est doux de prendre un bon bain de soleil tout en épiant les alentours ; car aucune n'oublie l'aigle ou le renard qui font d'une marmotte un excellent déjeuner. Si, en cas de danger, Mimi siffle, toutes regagnent le terrier.

Chaque été, c'est la transhumance, l'époque où le berger Gaston emmène ses moutons dans les hauts pâturages.

En bas, dans la vallée, l'herbe se fait rare. Gaston, accompagné de ses fidèles chiens, s'installe pour l'été dans le petit refuge. Vient-il à s'absenter, les chiens veillent sur le troupeau. Il n'est pas de meilleur gardien qu'un chien de berger. Et puis, si une brebis s'égare, elle sera vite retrouvée grâce à la clochette accrochée à son cou.

Durant l'été, les vaches
de Jeantou passent
la plupart de leur temps
au pré. Elles ne rentrent
que fort tard à l'étable.

Au petit matin, elles repartent, sagement alignées, les unes derrière les autres. Paisiblement, les vaches ruminent. Elles vagabondent, au gré de leur fantaisie.

Mais seules les meneuses du troupeau portent une cloche. Et pour une chèvre, quel plaisir que de vivre à la montagne ! Ce ne sont pas les endroits d'escalade qui manquent. Rien n'est plus amusant que de grimper sur un rocher, même pour n'y trouver qu'une maigre touffe d'herbe. De toute façon, la chèvre n'en fait qu'à sa tête : elle aime l'aventure et rien ni personne ne saurait l'en détourner.

Chaque été, les enfants ont l'occasion de faire de nouvelles connaissances : les familles d'animaux s'agrandissent vite.

— Comme ces cabris sont mignons ! s'exclame Lisa.

Le saint-bernard est un chien généralement utilisé pour le sauvetage en montagne. Son flair remarquable lui permet de retrouver des gens, même enfouis sous la neige, et son épaisse fourrure le protège du froid. L'hiver prochain, Gaston donnera à Lisa un chiot.

Elle en rêve déjà !

En route vers les pays chauds

En Afrique, lorsqu'on veut faire un safari, il convient de se lever de bonne heure.

Les animaux de la savane offrent alors un fascinant spectacle. La gracieuse gazelle salue la bruyante compagnie des chimpanzés. Les guenons s'activent autour d'un petit, né cette nuit. Le mâle dominant, tout heureux de cette nouvelle, compte et recompte ses femelles : elles sont désormais neuf. Les autres chimpanzés se rassasient, et un jeune bêta dit :

— J'ai ramené des fruits et des noix pour le bébé !

La journée s'annonce belle. Et, de joie, les petits s'élancent de branche en branche.

Si un hippopotame reste longtemps hors de l'eau, il devient rose... comme un flamant, à cause de sa transpiration ! Ce gourmand ne gagne pratiquement la rive que pour se remplir l'estomac... Puis plouf, il replonge. On ne voit alors que ses narines et ses yeux. Les pélicans sont habitués à ce manège.
Deux cigognes noires pêchent.
— Je n'aime que toi, déclare monsieur grue à sa douce. Construisons-nous un nid douillet. Le marabout, lui, semble présider cette assemblée.

Couché à l'ombre de quelques acacias, le clan
des lions se repose. Serge et Louis, deux
reporters-photographes, descendent de leur véhicule :
— Regarde comme les lionceaux s'amusent !
Quelle chouette photo cela fera !
Auréolés d'une superbe crinière, les mâles veillent tandis
que les lionnes s'occupent de leurs petits. Le lion est carnassier et
ce sont les femelles qui chassent pour nourrir le clan. Un peu plus loin,
un troupeau de gnous broute tranquillement l'herbe de la brousse :
— Les lions sont repus, il n'y a aucune raison de craindre leur
présence, se disent-ils.

— Sais-tu qu'il y a une étroite collaboration entre les éléphants et les hérons gardes-bœufs ? explique Serge à Louis. En venant se désaltérer à un point d'eau, les éléphants dérangent les moustiques ; les hérons n'ont alors plus qu'à ouvrir leur bec pour s'en régaler ; en échange de ce service, ils se perchent sur le dos des pachydermes et débarrassent leur peau de ses parasites. Pratique, non ?

Le rhinocéros blanc est très sociable : partager un point d'eau avec d'autres animaux ne le dérange pas.
— Viens-tu te baigner avec moi ? demande une femelle à sa congénère.
— Oui, mais laisse-moi d'abord me désaltérer d'eau limpide, répond celle-ci.

Waouh !
La girafe est le mammifère le
plus haut du monde : elle peut mesurer plus de six mètres !
Lorsqu'elle veut boire, elle est obligée de faire le grand écart avec ses pattes de devant. Et quand un girafon naît, il tombe de haut !
— Monsieur rhinocéros, voudriez-vous quelques branches d'acacia ?

— Alors comme ça, tu es revenu nous voir ?
demande le zèbre au guêpier.
L'oiseau multicolore remue la tête avant de répondre :
— Si tu voyais le temps qu'il fait en Europe... hivernal ! Le territoire des zèbres est occupé par plusieurs familles, chacune dominée par un seul mâle.
— Tout de même, ça leur donne de l'allure !
dit le phacochère au buffle, en désignant les rayures noires des zèbres. Le buffle secoue ses cornes et répond dans un souffle :
— Pfeuhh... ! Moi, j'suis pas jaloux.
Puis il se vautre dans la boue.

En passant près d'un autre point d'eau, calme en apparence, Serge et Louis se souviennent de ce périple tout aussi extraordinaire qu'ils avaient fait en Asie. Ils avaient eu la chance de photographier ensemble des crocodiles et des tigres !

— Heureusement, se rappellent-ils, chaque espèce était occupée à surveiller l'autre, en douce, et c'est pourquoi nous avions pu nous risquer à nous approcher.

Eh oui ! La journée des deux reporters a été bien remplie, et ils s'apprêtent maintenant à partager d'autres souvenirs tout en regagnant le campement...

Demain, Serge et Louis poursuivront
leur route vers le nord, direction le désert. Ils partiront cette fois à la recherche du fennec, cousin du renard et amateur de lézards. Bon voyage ! Pourvu que toutes leurs photos soient bien réussies!